子どもの主体性を育む
保育の考え方・進め方

子どもの やりたい やりたくない をどうする？
3つの「線引き」基準

合同会社ちなく代表・保育士
米聖 著

黎明書房

はじめに

子どもの主体性が大切だとして、大人が子どもに一方的に命令したり、強制的に何かをさせたりするのがよくないことだとされています。こうした風潮の中で、子どもの主体性を尊重することと、子どもの行動を制限することの「線引き」がわからず、困っている保育者が多いようです。

私は、保育者キャリアアップ研修を１００回以上担当する中で、次のような保育者の悩みを多く聞いてきました。

「主体性が大切なのはわかるが、どこまで子どもの主体性を受け入れてよいのか」

「集団生活では、子ども一人ひとりの想いを１００％受け入れることはむずかしい」

保護者からも、同様の声が聞かれます。

「子どもを注意することがむずかしい」

はじめに

甘やかしたいわけではなく、子どもの主体性を大切にしようと思うからこそ、注意することができないのではと思います。

子どもの主体性は大切ですが、教育すべきこと、伝えていくべきことはあります。子どもの意見をそのまますべて受け入れることが、主体性を尊重することではないのです。主体性の尊重と放任は違うということです。主体性を尊重しながらも、社会性や道徳性を育んでいくことが、子どもが社会で活躍する大人になるために重要です。

主体性にまつわる悩みを、私に伝えてくれた保育者の想いに応えるために、この書籍で、子どもの主体性を尊重することと、子どもの行動を制限することの、「線引き」の基準を示していければと思います。

本書が一つの提案となり、楽しい笑顔の保育につながれば幸いです。

黒米 聖

目次

目次

第3章
主体性を尊重する保育のために

目次

本書の特徴と学び方

● 本書は，

「どこまでが主体性なのか，どこからがわがままなのか」

「子どもの行動をどこまで認めて，どこからは止めるべきなのか」

子どもの行動への“**線引き**”**基準**を明確に示しました。

● 第２章では，日常のよくある場面の対応について「自分ならどうするか」を考えながら，理解が深まる構成になっています。園内研修でもご活用ください。

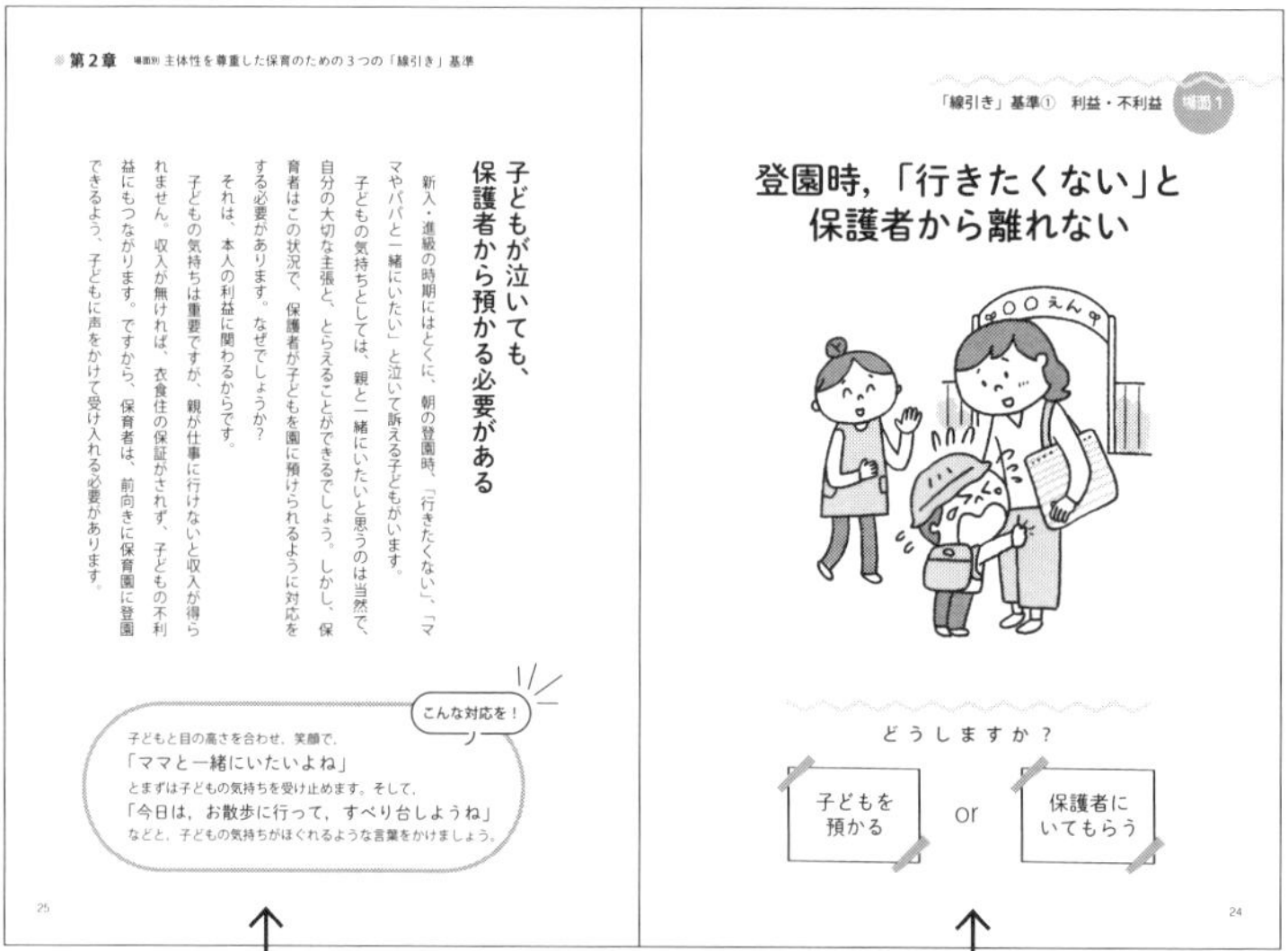

「線引き」基準①　利益・不利益　場面１

登園時，「行きたくない」と保護者から離れない

どうしますか？

子どもを預かる　or　保護者にいてもらう

24

第２章　場面別 主体性を尊重した保育のための３つの「線引き」基準

子どもが泣いても、保護者から預かる必要がある

新入・進級の時期にはとくに、朝の登園時、「行きたくない」、「ママやパパと一緒にいたい」と泣いて訴える子どもがいます。

子どもの気持ちとしては、親と一緒にいたいと思うのは当然で、自分の大切な主張と、とらえることができるでしょう。しかし、保育者はこの状況で、保護者が子どもを園に預けられるように対応をする必要があります。なぜでしょうか？

それは、本人の利益に関わるからです。

子どもの気持ちは重要ですが、親が仕事に行けないと収入が得られません。収入が無ければ、衣食住の保証がされず、子どもの不利益にもつながります。ですから、保育者は、前向きに保育園に登園できるよう、子どもに声をかけて受け入れる必要があります。

こんな対応を！

子どもと目の高さを合わせ、笑顔で，
「ママと一緒にいたいよね」
とまずは子どもの気持ちを受け止めます。そして，
「今日は，お散歩に行って，すべり台しようね」
などと，子どもの気持ちがほぐれるような言葉をかけましょう。

25

実践にあたっての，具体的な言葉かけの例を紹介しています。

自分ならどうするかの答えをもってから左のページを読みましょう。

第1章

子ども主体の保育とは

1 保育者は、子どもの想いをすべて受け入れる必要があるか

「子どもの想いをどこまで受け入れ、どこで止めるか」で悩む保育者が多い

自分の想いを貫き通そうとする子どもがいます。

園の場面では、次のような姿で現れます。

「椅子に座りたくない」

「手をつなぎたくない」

「話を聞きたくない」

「友だちのものを使いたい」

「待てない、早くやりたい」など。

このような子どもの姿を、保育者はどのようにとらえるでしょうか。

これこそが、子どもが主体性を発揮している姿であると、とらえることもできるでしょう。一方で、社会性や道徳心の育ちや芽生えが、弱いようにも感じます。

保育で大切にしていることは何かと聞かれると、多くの保育者が「主体性」をあげます。それでいて、「子どもの想いをどこまで受け入れ、どこで止めるか」で悩んでいる保育者が少なくありません。

「どこまで受け入れ、どこで止めるか」。その線引きの基準を保育者がもっていないと、子どもは混乱します。

すべてを受け入れられた子どもは、自由に、自分の想いのままに動きます。それはときとして、社会性や道徳性が欠如した、協調性のない姿となります。

すべてを受け入れることが、子どものためになるのでしょうか？

子どもの想いを受け入れることは大切ですが、何がよくて何がダメなのかを子どもに伝えていくことも保育であり、教育です。

保育者は、子どもの社会性や道徳心を育む役割があるのです。

子どもの想いをすべて受け入れるのは不可能であり、すべて受け入れることは正しくはない

主体性の尊重がうたわれる中、保育者は子どもの想いや発言を、できるだけ受け入れようとします。

しかし、ここに無理が生じます。園では、常に1対1で関わることはできず、また、集団としての生活リズムがあります。そのため、子どもが「やりたい」と望んだことでも、どうしても受け入れられないことが出てきます。

それは、子どもの主体性を尊重できなかったということでしょうか？　それはダメなことなのでしょうか？

そうではないですね。集団の中でこそ、学べることがあるはずです。

子どもの主体性を尊重することは非常に大切です。主体性を尊重されて育った子どもは意欲があり、積極性が高い子どもになります。しかし、子どもの想いをそのまま受け入れることは不可能です。そして、それが正しいわけではありません。

子どもは、教えられないとわからないことだらけです。たとえば、赤信号では止まるという交通ルールを、しぜんに知ることはできません。教えられて初めて理解し、行動できるようになります。子どもが社会に適応して生きていくためには、保護者や保育者の導きが必要なのです。

保育は、子どもの〝今〟にだけ関わるものではありません。子どもの5年後、10年後、15年後、20年後を考え、そのときどんな姿に育っていてほしいのかを考えて関わる必要があります。

どんな大人になってほしいのか考えながら、目の前の子どもに向き合うべきです。

2 真に主体性を尊重するとは

そもそも、子どもの想いを、すべてそのまま受け入れることが、主体性の尊重なのかどうか、考えてみる必要があります。

主体性を尊重した保育とは、子どもの発言や行動から広がる保育です。また、子どもの瞬間の想いや行動に瞬時に反応し、広げていく保育です。

保育には、保育者が設定したねらいがあり、保育者はそのねらいに沿って準備し、子どもにアプローチをしていきます。しかし、そのねらいの通りに子どもが動いてくれるとは限りません。

保育のねらいを達成したいと思うあまり、子どもの行動や発言を一方的に止めたり、無視したりすることはよくありません。子どもの年齢や発達に合わせて対応することが必要です。

子どもは、保育者の想いや想像を超えて、自由に遊びや活動を展開する素晴らしい存在です。保育者は、それに応える柔軟さ、そしてときには、自分の保育のねらいを捨てる大胆さが求められます。

3 社会性・道徳心の芽生えのために必要なこと

他害や危険にも、一方的な制止は不適切

友だちが嫌がることをした1歳児に、「友だちのことを考えなさい。そんなことしちゃダメでしょ！」と言っても、子どもは理解できません。この年齢の子どもには、「やりたかったよね。でも、〇〇さんも嫌だったみたいだよ」と、相手の気持ちを言葉にして伝え、少しずつ想いやりの気持ちを育てていきます。

一方的な制止も不適切です。子どもが縁石の上を歩こうとしたとき、「危ない！」と言って叩いたり、何も言わずに、子どもの腕を強く引っ張って降ろしたりするのは問題

です。危険を理解できていない時期の子どもには、やさしく導くように誘導する必要があります。

ハイハイができるようになったばかりの乳児が、棚に登ろうとするときも同様です。声もかけず、抱きかかえて降ろすことはよくありません。「こっちなら登れるところがあるよ」「ここなら落ちてもフカフカだから、こっちにしようね」とやさしく声をかけて、移動させる必要があります。

社会性・道徳心は、集団の中でこそ学び、体験することができる

「保育所保育指針」の乳児の分野には、集団生活を送るために必要な、社会性と道徳心についての記載がありません。しかし、だからといって乳児の保育は、社会性や道徳心を意識しないでよいわけではないのです。

なぜなら、幼児期になって、「さぁ、これから社会性・道徳心を身につけさせよう」

と意気込んでも、それまでの積み重ねがないと、身につけるのはむずかしいからです。

2歳まですべて自分の思い通りにしていた子どもが、3歳になっていきなり「これからはお友だちのことを考えようね」と言われても、すぐに切り替えることは困難です。乳児のときから、発達と理解に合わせて、「お友だちのことを考えよう」と伝えられた子どもが、幼児期で社会性・道徳心が花開くのです。

社会性・道徳心は、集団の中でこそ学び、体験することができるものです。そのため家庭の中では、実感をともないながら伝えることはむずかしいのです。

保育園・幼稚園のような集団の中でこそ、考え、体験できることでもあります。そのため、保育園・幼稚園での経験や学びは、非常に重要と言えるでしょう。

4 主体性を育むために大切なこと

最初に、AちゃんとBくんの事例を紹介します。

Aちゃん

Aちゃんはおとなしく、話をすることが苦手な子どもです。何を聞いても返事をせず、こちらが「じゃあ〇〇にする?」と言うと、コクリとうなずくだけ。

Aちゃんが赤ちゃんだったころは、泣き声やしぐさなどで積極的に主体性を示していたのですが、Aちゃんの両親は生活に必死で、Aちゃんの呼びかけに細やかに応答してあげられなかったのです。周囲の大人が反応しないことで、Aちゃんは呼びかけをやめてしまいました。

Bくん

Bくんは元気な男の子です。活発で、表情も豊かで、反応もよく、大きな声で話します。意見を聞けば「ぼくは〇〇したい!」と、はっきり答えます。

Ｂくんは、両親や祖父母に十分に愛されて育ちました。「やりたい」と言ったことは、たいてい経験させてもらえました。自分で考え、判断することを尊重してもらえました。そのおかげで、Ｂくんは園でも、主体性を発揮できています。

２人の姿からも、主体性を育むには、周囲の大人の働きかけが大切になることがわかります。ポイントは次の３つです。

① 応答的な関わり

子どもは、生まれたときから主体性があります。乳児でも、泣き声で訴えたり目線や手の動きで、自分のやりたいことやしてほしいことを示したりします。これも主体性です。子どもの要求に細かく応えていくことで、子どもの主体性は強く育まれていきます。

Ａちゃんは、乳児期から、泣くことや動くことで、要求を出し続けてきました。しかし、その要求を受け止めてもらえなかったことで、主体性が十分に育まれなかったと考えられます。

周囲の大人が応答的に関わることが、子どもの主体性を育むためにとても大切です。

②選ぶ経験

主体性を育むキーワードの一つが、「選ぶ」経験です。

保育者は、保育の中で、子どもが選ぶ機会を意識して用意しましょう。遊びの種類、遊ぶおもちゃ、製作物の色や大きさ、食事の量などの選択肢を用意します。子どもは、選ぶ経験が多ければ多いほど、決断が早くできるようになります。

押しつけられず、自分で選ぶことで、子どもはワクワクし、意欲的になります。選択肢を多く準備することは、労力がかかりますが、子どもの主体性を育むためと心に留め、選べる環境を意識していきましょう。

③時間的な余裕と見通し

先にあげた、「応答的な関わり」「選ぶ経験」のいずれも、時間的な余裕と見通しが必要です。保育者に余裕がないと、子どもへの応答も、受け答えも、おざなりになってしまいます。また、保育の見通しや一日の見通しがないと、時間的な余裕も損なわれます。

子どもからどのような要求が出てきても、受け止められる保育者になりたいものです。

第2章

場面別
主体性を尊重した保育のための3つの「線引き」基準

「線引き」基準①　利益・不利益

「線引き」基準②　けが・命に関するかどうか

「線引き」基準③　社会性・道徳心の育み

「線引き」基準 ①

本人・ほかの子どもの「利益・不利益」で線引きする

「保育所保育指針」には、「子どもの最善の利益」が明記されています。この「最善の利益」とは何かを具体的に考えることで、子どもの想いを受け入れるかどうかの線引きがしやすくなります。

「子どもの利益につながる場合は、子どもの想いを受け入れる」、「不利益につながる場合は、受け入れない」、ということです。

子どもの最善の利益は、今、この瞬間だけでなく、中期的・長期的な視点が必要となります。子どもが成長し、大人になることを見通して、線引きをすることが大切です。

また、園は集団生活の場なので、子ども本人だけでなく、ほかの子どもの「最善の利益」にも配慮する必要があることを忘れないでください。

登園時,「行きたくない」と保護者から離れない

どうしますか？

子どもを預かる or 保護者にいてもらう

子どもが泣いても、保護者から預かる必要がある

新入・進級の時期にはとくに、朝の登園時、「行きたくない」、「ママやパパと一緒にいたい」と泣いて訴える子どもがいます。

子どもの気持ちとしては、親と一緒にいたいと思うのは当然で、自分の大切な主張と、とらえることができるでしょう。しかし、保育者はこの状況で、保護者が子どもを園に預けられるように対応をする必要があります。なぜでしょうか？

それは、本人の利益に関わるからです。

子どもの気持ちは重要ですが、親が仕事に行けないと収入が得られません。収入が無ければ、衣食住の保証がされず、子どもの不利益にもつながります。ですから、保育者は、前向きに保育園に登園できるよう、子どもに声をかけて受け入れる必要があります。

こんな対応を！

子どもと目の高さを合わせ，笑顔で，

「ママと一緒にいたいよね」

とまずは子どもの気持ちを受け止めます。そして，

「今日は，お散歩に行って，すべり台しようね」

などと，子どもの気持ちがほぐれるような言葉をかけましょう。

給食の時間に「食べたくない」

どうしますか？

給食を片づける or どうにか食べるように促す or 無理やり食べさせる

健康の観点から、なるべく食べられるようにする

給食を食べたくないという子どもがいたとき、どうしていますか？

本人の意思が大事だからと、「じゃあ、食べなくていいよ」と、すぐに給食を片づけてしまってよいでしょうか？

ここは、子どもの「食べたくない」という意思に、安易に引きずられるべきではありません。本人の利益に関わるからです。

給食は、子どもの身体の成長に必要なものです。食べないことは、そのまま子どもの健康に影響します。

とはいえ、無理やり食べさせるのも問題です。保育者は、子どもの興味を引きながら、楽しく食べられるように対応しましょう。

こんな対応を！

「おいしいよ。食べてみる？」
「大きく口を開けるところ見てみたいな」
「たくさん食べて大きくなろうね」
などと，子どもが少しでも食べたくなるような言葉をかけましょう。

午睡の時間に「寝たくない」「遊びたい」

どうしますか？

起きていていいよと伝える or 横になるようにやさしく促す or 無理にでも寝かしつける

生活リズムをつくるため身体を休める必要がある

午睡の時間、「寝たくない」「遊びたい」という子どもがいます。遊びたいという意欲があるのはよいことと、前向きにとらえることもできます。しかし、乳児は特に午睡が必要です。保育者は、子どもに休息を取らせることを、第一に考える必要があります。

午睡をしないと、子どもの生活リズムが乱れてしまいます。夕方、眠くなって寝てしまい、夕食が食べられないかもしれません。夜、寝る時間が遅くなり、次の日の朝、起きられないかもしれません。眠睡が足りず、午前中はパワーが出ずに、ゴロゴロすることも考えられます。こうなると、保育・教育の機会の損失です。

正しい生活リズムをつくるためにも、午睡の習慣をつけることは大切。眠くなくても、横になって身体を休めるよう促しましょう。

※幼児は、状況に応じて午睡をしない場合もあります。

こんな対応を！

保育者がそばで，やさしく背中をトントンする

「遊びたいね。お昼寝から起きたら，たくさん遊ぼうね」

などと，午睡の先に楽しいことが待っていると思えるような言葉をかけましょう。

友だちの
遊びをじゃまする

どうしますか？

そのまま見守る

or

遊びのじゃまをするのを止める

本人を傷つけないように止め、「友だち」という存在に気づくきっかけに

乳児の場合はとくに、本人に遊びのじゃまをしているつもりはありません。その遊びに興味をもったり、一緒に遊びたくて手を出したりして、結果的にじゃまをしていることになるのです。悪気がないのだから、そのまま見守ってあげたいと思う保育者もいるでしょう。

しかし、遊びをじゃまされることは、遊んでいる子どもにとって遊びの機会の損失です。保育者は、じゃまをしている子どもの気持ちをくみ取りつつ、ほかの子のじゃまになるのを止める必要があります。注意すべきは、本人を傷つけないように止めること。

園は、社会性・道徳心の育つ場です。「友だち」という存在や、友だちの気持ちに、気づくきっかけにしていきましょう。

こんな対応を！

「今，お友だちは
一人で遊びたいみたいだよ。
先生と一緒にこれで遊んでみようか」

と，友だちの気持ちや，やっていることをさりげなく伝えてみましょう。

公園で「まだ帰りたくない」「もっと遊びたい」

どうしますか?

満足するまで遊ばせる or 帰ろうという気持ちに切り替える

クラスの子ども、全員に配慮して遊びを切り上げる必要がある

園から散歩に出かけ、公園などで遊んで、さあ帰ろうというときに、「まだ帰りたくない」「もっと遊びたい」と言い張る子どもがいます。

公園で遊ぶのが楽しくて、満足するまで遊びたいという子どもの気持ちは、保育者にとってもうれしいものですね。

しかし、園は集団生活の場ですから、決まったスケジュールがあります。たとえば、時間までに帰らないと、給食に間に合いません。ほかの子どもの気持ちも考える必要があります。園に戻って、絵本を読みたい、お絵描きをしたい子どももいるでしょう。

保育者は、子ども全員の利益に配慮して、遊びを切り上げられるようにしましょう。

こんな対応を！

「まだ遊びたいよね」
と気持ちを受け止めつつ，
「おいしいごはんが待ってるよ。
一緒に帰って食べよう」
と，先の行動など，帰らなければならない理由を
年齢に合わせて伝えていきます。

おむつを替えてもらいたくない

どうしますか？

替えない or 強引に替える or 替えるように促す

言葉かけや環境を工夫しておむつを替える

保育者が子どものおむつを替えようとしたとき、嫌がって逃げ回る子どもは多いでしょう。

このような場合、「おむつを替えてもらいたくない」という明確な子どもの意思表示があったとしても、そのまま放置してよいわけではありません。それは、本人の健康を害する可能性があるからです。おむつを替えないままだと、おしりがかぶれて、本人が痛い思いをします。おむつから尿や便が漏れると、不衛生になり、ほかの子どもにも影響が及ぶ可能性もあります。

押さえつけるなどして、強引に替えるのはよくありませんが、保育者は、子どもが気持ちよくおむつを替えられるような言葉をかけ、環境を工夫する必要があります。

こんな対応を！

「こっちのおむつとこっちのおむつ
どっちなら持ってくれるかな？」
などと，気持ちを切り替えさせながら，おむつ替えに誘導を。
すぐに替えなくてもよい場合は，時間をずらすことで
子どもの気持ちが変化する場合もあります。

トイレに「行きたくない」

どうしますか？

無理やり行かせる or 行かなくてよしとする or 環境や言葉かけを工夫し，行くことを促す

子どもが尿意を感じている場合は、行くことを促す

遊びに夢中になっている、今はその気分ではないなどの理由で、トイレに「行きたくない」という子どももいるでしょう。

まず、保育者の都合で行かせようとしているのであれば、改める必要があります。トイレに行くことは生理的な問題ですから、「時間だから」「みんなで一斉に」ということはおかしなことです。

しかし、子どもが尿意を感じているのに、「行きたくない」と言っている場合は、トイレに誘う必要があります。足をもじもじさせている、前に行ってからだいぶ時間が経っているなどで、明らかに子どもが尿意を感じていると思われる場合は、トイレに行くことを促しましょう。トイレの環境を整えたり、トイレに行きたくなるような言葉をかけたりなど、工夫も大切です。

こんな対応を！

「おしっこでパンツと洋服が濡れちゃうから，先生と行ってみようか？」
「トイレできるようになったところを，先生に見せてほしいな」
とトイレに誘ってみましょう。トイレに仕掛けを作って，行きたくなるようにするのもよいでしょう。

手を「洗いたくない」

どうしますか？

無理やり洗わせる or 洗わなくてよしとする or 理由を聞き，原因を取り除く

手を洗いたくない理由を聞き、それに応じた手立てを

外遊びから帰ってから、あるいはトイレの後に、手を洗わない子どもがいます。「洗いたくない！」と言い張る子どももいるでしょう。この場合、保育者はどのように対応すべきでしょうか？

結論から言うと、「手を洗いたくない」という子どもの意思表示を、そのまま受け入れるのはＮＧです。子どもの不利益につながるからです。手を洗わないことで、菌が体内に入る可能性があり、感染症の感染リスクが高まります。感染症にかかれば、保護者が仕事を休む必要があったり、ほかの子どもにうつしたりなど、広範囲に影響が及びます。

保育者は、子どもがなぜ手を洗いたくないのか理由を聞き、それに応じた手立てを工夫することが大切です。

こんな対応を！

「水が冷たい」
「手にけがをしていてしみる」
など，子どもが手を洗いたくない理由を探り，原因を取り除くようにします。手の洗い方を絵で示したり歌をうたいながら洗うなど，楽しく洗えるようにします。

「線引き」基準②

本人・ほかの子どもの「けが・命に関するかどうか」で線引きする

経験を積んでいくと、子どもの発達と個人の特性から、「これはできる」「これはまだ危険」の判断ができるようになります。しかし、経験が浅いと、安全面を配慮できなかったり、反対に、止めすぎたりすることがあります。

安全に関することで、怖さや不安を感じたときは、先輩保育者に相談と確認をしていきましょう。

子どもがやりたいことと危険性は、表裏一体ともいえます。どちらかが過度になりすぎても、保育を展開していくことはむずかしくなるでしょう。また、園での方針によっても、やらせるか・止めるかの判断や配慮も違います。

この点を理解しながら、子どもの発達と経験につながる機会を、保育者は作っていく必要があるでしょう。

外遊びの時間，「外で遊びたくない」

どうしますか？

強引に外に連れ出す	or	室内で遊んでいいよと言う	or	前向きに外遊びを促す

十分な人員配置ができないのであれば クラスの子ども全員外で遊ぶのが基本

園庭での外遊びの時間、保育者としては、体を動かして元気に遊んでほしいのに、子どもが「外に行きたくない」と言うことも。保育者はどのように対応すべきでしょうか。

子どもの主体性を尊重する視点からは、戸外と室内に分かれて遊ばせるのが理想でしょう。しかし、保育者の人数によっては、戸外と室内それぞれに、十分な人員配置をすることがむずかしい可能性があります。

保育者の目が届かない室内で遊ぶという状況は、子どもの安全を守るために、絶対に避けなければなりません。

子どもには、言葉かけや環境を工夫しながら、外で遊ぶように導くことが大切です。

こんな対応を！

「今日は，すべり台のある楽しい公園に行かない？」
「消防車の見える道を通っていこうよ！」
と，外に行ってみたくなるような言葉をかけます。さらに
「帰ってきたらお部屋の中で遊ぼうね」
と室内で遊べる時間もあることを伝えましょう。

棚の上に「のぼりたい」

どうしますか？

そのまま見守る	or	叱ってやめさせる	or	違う場所に誘導する

安全を確保したうえで登れる場所を準備する

　つかまり立ちが始まるころから、子どもの行動範囲は一気に広くなります。棚の上などによじのぼることもあるでしょう。子どもの成長の証として、そのまま見守っていてよいでしょうか。
　このような行為は、棚の上から落ちてけがをしたり、命に関わったりする可能性もあります。叱る必要はありませんが、やめさせることが求められます。一方で、「高いところにのぼりたい」という子どもの意欲自体は尊重したいですね。
　そこで、巧技台などを準備し、落ちてもけががないように配慮しながら「のぼる」ことにチャレンジできるようにします。安全を確保しながら、体を使った遊びができるようにすることは、保育者の大切な務めです。

こんな対応を！

のぼってもよい場所を設定し，やさしく誘導します。

「棚にのぼってみたかったよね。楽しそうだもんね。
先生が台を用意するから，
こっちの台でのぼってみない？」

友だちにかみつく，ひっかく，たたく

どうしますか？

そのまま見守る or 叱ってやめさせる or 友だちから引き離す

子どもの想いを代弁しながら子ども同士を引き離す

かみつきやひっかきなど子ども同士のトラブルは、保護者からのクレームにつながることも多く、対応に悩んでいる現場もあるでしょう。

悪気はなく、「一緒に遊びたい」という思いから手を出しているのだと考え、叱るかどうかを迷っている保育者も多いようです。しかし、かみつきやひっかきは、やられた側の子どもの不利益につながります。「一緒に遊びたい」子どもの主体性を尊重するとしても、ここは「止める」の一択です。

その際、友だちが痛い思いをしていること、嫌がっていることを、きちんと言葉で伝えます。まだ理解できなくても、伝えることが重要です。「相手」という存在を知ることにもつながります。

こんな対応を！

子ども同士をソフトに引き離しつつ，

「一緒に遊びたいよね。
でも，〇〇ちゃんが痛いって」
「やめようね」

と声をかけていきましょう。

散歩で
「手をつなぎたくない」

どうしますか？

散歩に行かない or 手をつながず歩く or 手をつなぐ方法を考える

子どもが手をつなぐ気持ちになるよう対応を工夫する

散歩など外を歩くときに、友だちや保育者と手をつなぐことを、拒否する子どもがいます。子どもが一人で歩くのは危険が推測され、基本的には、手をつながないことを受け入れてはいけません。

一方で、「手をつなぎたくない」という子どもの想いをよく聞いてみると、ただつなぎたくないのではなく、「〇〇先生とつなぎたい」「〇〇ちゃんとつなぎたい」という場合もあります。可能であれば、子どもの想いを尊重して、対応してもよいでしょう。

むずかしいのは、ほかの子どもの不利益につながらないようにすることです。特定の子どもだけが、自分の好きな相手と手をつなげるというのは、不平等にもなります。子どもが自分で手をつなぐ相手を選ぶなど、対応を工夫しましょう。

こんな対応を！

子どもの気持ちをくみ取りつつ,

「誰とならつなげるかな？」

などと聞いてみましょう。手をつなぐこと自体を嫌がる場合は,

「このひもは持てるかな？」

などと道具なども活用してみましょう。

ぬれた服を「着替えたくない」

どうしますか?

そのまま放っておく	or	無理やり着替えさせる	or	着替えるものを選ばせる

子どもが「選択」して主体的に着替えられるようにする

どろんこや水遊びでぬれた服を、「着替えない」と言い張る子どもがいます。冷えて風邪をひいたり、保育室の床を汚したりなど、その子どもだけでなく、ほかの子どもの不利益にもつながる可能性があり、放っておいてはいけません。

とはいえ、無理やり着替えさせるのは、主体性を尊重する観点から避けたいものです。では、どうすればよいのでしょう。

主体性のキーワードとして、「選択」があります。「着替えるか、着替えないか」の選択ではなく、「何に着替えるか」の選択を提示してみましょう。

自分で選ぶことで、子どもは着替えに主体的に取り組めるようになります。

こんな対応を！

気持ちを尊重しつつも，着替えることに誘導します。
着替える・着替えないの２択だと「着替えたくない」となるので，
「どの洋服なら着られるかな？」「どれが好き？」
などと聞いてみましょう。「子どもが選べる」ことがポイントです。

「線引き」基準③

本人・ほかの子どもの「社会性・道徳心の育み」で線引きする

乳児期においては、社会性・道徳心を身につけることが、まだむずかしいと考える保育者は多いでしょう。しかし、乳児期には放置しておいて、幼児期にいきなり身につけることは、さらにむずかしいものです。ですから、**乳児期に社会性・道徳心の種をまいておく必要があります**。

それは、たとえば、「○○ちゃんもうれしかったみたいだね」「今は○○ちゃんの番だから待てるかな」など、ほかの子を意識した言葉かけです。そうすると、子どもは、他者の存在を意識するとともに、自分の行動がまわりに与える影響について、自覚できるようになります。

この積み重ねが、幼児期になって、社会性・道徳心の芽生えにつながります。

食事中，遊び食べをする

どうしますか？

そのまま見守る　or　叱ってやめさせる　or　言葉で伝える

子どもの想いを受け止めながらルールやマナーを伝える

給食中に、子どもがわざと飲みものをこぼしたり、食べものを握りつぶしたりして遊ぶ姿が見られることがあります。子どもは飲みものや食べものに興味・関心を示し、感触遊びを楽しんでいるととらえることもでき、ある意味、主体的な姿です。

しかし、こうした行動をそのままにしてよいわけではありません。保育者には、子どもに食事のマナーやルールを伝え、社会性を育てる役割があるからです。

楽しい想いには共感しつつも、ごはんは食べるもので遊ぶものではないことを伝えていきます。子どもの興味や関心を、粘土や水遊びなどの遊びで代替えできるのではあれば、ほかの時間に十分遊べるようにしましょう。

こんな対応を！

「ぐにゃってつぶれたね」
などと子どもの想いを受け止めながらも
「ごはんは座って食べようね」
「ごはんは大事だから，やめようね」
「お昼寝したら，外で，泥のお団子を作ろう」
など，言葉で伝えましょう。

散歩で，ルールを無視して歩く

どうしますか？

そのまま見守る　or　叱ってやめさせる　or　ルールを伝えてやめるように促す

ルールやマナーは乳児期から伝えて、くり返しの中で身につけられるように

公園に散歩に出かけるなど、徒歩で園外に出るときに、道の真ん中を歩こうとしたり，信号を確認せずに渡ろうとしたりする姿が、見られるかもしれません。

このような場合、保育者はどのような対応をすべきでしょうか。

ここでは、「社会性・道徳心」を考慮した線引きが必要です。

交通ルールは、保育園であれば、乳児から伝えていく必要があります。また、電車やバスなど公共の乗りものでのマナーについても、遠足などの機会に伝えていくことが大切です。

保育者は、子どもがルールやマナーを身につけられるよう、日々の生活の中で、くり返し声をかけていきましょう。

こんな対応を！

交通ルールは，

「赤はとまれ　青はすすめだよ」

「すぐに渡りたいよね。でも，赤のときに渡ると事故になっちゃうからね」

などと，その都度，やさしく伝えていきましょう。

友だちの使っているものを取る

どうしますか？

そのまま見守る　or　叱ってやめさせる　or　友だちの気持ちを伝える

乳児期から少しずつ相手の気持ちを感じ取る練習を

子どもが、友だちの使っているものを、パッと取ることがあります。乳児クラスでは、よく見られる姿です。

取られた相手の気持ちを考えることが、まだむずかしい年齢なので、ある意味、仕方がないことです。そのまま見守っていてもよいのではと、考える保育者がいてもおかしくありません。

しかし、見守っているだけでは、子どもはいつまでたっても相手の気持ちを考えられるようになりません。乳児のうちから、相手の気持ちを感じ取る経験が必要です。ここを放置すると、子どもが社会性・道徳心を学ぶ機会が失われてしまいます。

少しずつでも相手の気持ちを伝え続けていくことが、幼児期以降の思いやりの気持ちにつながります。

こんな対応を！

「〇〇ちゃんのおもちゃ，使いたいよね。楽しそうだもんね。でも，取ったら〇〇ちゃんが悲しくなっちゃうよ。終わったら使おうね」
と，友だちが，どのような気持ちなのかを伝えてみましょう。

友だちの悪口を言う

どうしますか?

放っておく or 叱ってやめさせる or 悪口の理由を聞く

郵便はがき

料金受取人払郵便

名古屋中局
承　　認

954

差出有効期間
2025年9月
30日まで

460-8790

413

名古屋市中区
丸の内三丁目6番27号
（EBSビル8階）

黎明書房 行

購入申込書

●ご注文の書籍はお近くの書店よりお届けいたします。ご希望書店名をご記入の上ご投函ください。（直接小社へご注文の場合は代金引換にてお届けします。1800円〔税10%込〕未満のご注文の場合は送料800円，1800円以上10000円未満の場合は送料300円がかかります。10000円以上は送料無料。）

（書名）	（定価）　円	（部数）　部
（書名）	（定価）　円	（部数）　部

ご氏名　　TEL.

ご住所 〒

ご指定書店名（必ずご記入ください。）	取次・番線印	この欄は書店または小社で記入します。
書店住所		

愛読者カード

ー

今後の出版企画の参考にいたしたく存じます。ご記入のうえご投函くださいますようお願いいたします。新刊案内などをお送りいたします。

書名	

1. 本書についてのご感想および出版をご希望される著者とテーマ

※上記のご意見を小社の宣伝物に掲載してもよろしいですか？

□ はい　　□ 匿名ならよい　　□ いいえ

2. 黎明書房の新刊情報などをメールでいち早くお届けします。ご希望の方は，小社営業部（E-mail:eigyo@reimei-shobo.com）までメールでお申し込みください。

※ご記入いただいた個人情報は，ご注文いただいた書籍の配送，お支払い確認等の連絡および当社の刊行物のご案内をお送りするために利用し，その目的以外での利用はいたしません。

ふりがな

ご氏名　　　年齢　　歳

ご職業　　　（ 男 ・ 女 ）

（〒　　ー　　）

ご住所

電　話

ご購入の書店名		ご購読の新聞・雑誌	新聞（　　） 雑誌（　　）

本書ご購入の動機（番号を○で囲んでください。）

1. 広告を見て（新聞・雑誌名　　　）2. 書評を読んで
3. 人からすすめられて　4. 書店で内容を見て　5. 小社からの案内
6. その他（　　　）

ご協力ありがとうございました。

言ってはいけないことがあることを年齢に応じた言葉で伝えていく

友だちの悪口を言ったり、相手が嫌がることをわざとしたりする子どもがいます。社会性・道徳心を育む視点から、相手がどう感じるかを伝え、相手やまわりの人を傷つける行為をしてはいけないと、伝える必要があります。

友だちに嫌なことをされて、「○○ちゃんなんてきらい」「○○ちゃんのバカ！」といった言葉が出ることもあります。しかし、言いたいことを、なんでも言っていいわけではないこと、自分が言われたら嫌だと感じる言葉を、使わないようにすることを、伝えていく必要があります。

年齢に応じた言葉で、きちんと伝えていきましょう。

こんな対応を！

「何か嫌なことがあったのかな？」
と，まずは子どもの想いを聞きます。そのうえで，
「でも，『きらい』とか『バカ』とか言うと，
○○ちゃんも悲しいみたいだよ」
と，相手がどう感じるかを伝えます。

順番を守らず，横入りをする

どうしますか？

そのまま見守る	or	叱って順番を守らせる	or	横入りをしたい気持ちに共感する

社会性・道徳心を育む視点から順番を守る大切さを根気よく伝える

ぶらんこや滑り台の遊具で遊ぶ、水道で手を洗うなどの場面で、ほかの子が並んでいるのに、横入りをする子どもがいます。年齢にもよりますが、社会性・道徳心を育むうえで、見過ごしてよいことではありません。

子どもには、順番を守ることの大切さや、自分がされて嫌なことをしない、ということを伝える必要があります。

一方的に叱るのではなく、「先に洗いたかったのね」などと子どもの気持ちに共感したうえで、「○○ちゃんが先に並んでいたよ。後ろに並ぼうね」などと、具体的に伝えましょう。乳児はまだ、「待つ」ことがむずかしいのですが、根気よく伝え、少しずつ理解できるようにしていきましょう。

こんな対応を！

「すぐに手を洗いたかったのね。
でもお友だちも順番待っているよ」
「途中で入られたら，悲しいみたいだよ。一緒に並んでみようか」とほかの子が何をしているか，どんな気持ちになるかを具体的に伝え，並ぶことを促しましょう。

社会性・道徳心とは

社会性

1　集団を作って生活しようとする人間の根本的性質
2　他人との関係など、社会生活を重視する性格。社会生活を営む素質・能力

道徳心

1　人々が善悪をわきまえて正しい行為をなすために、守り従わなければならない規範の総体。外面的・物理的強制を伴う法律とは異なり、自発的な正しい行為へと促す内面的原理として働く
2　生命を大切にする心や善悪の判断などから学ぶもの

右記が、社会性、道徳心それぞれの定義です。
ロボティクスやＡＩの発展により、将来、単純作業の仕事が大幅に減少

していくことが容易に想像できます。こうした状況の中、機械には代わることができない人材を育てることが重要視されていることから、主体性や多様性の尊重がうたわれています。

主体性や多様性が尊重される一方で、社会性や道徳心というものは社会生活を営むうえで非常に重要です。人はたった一人で生活することはできず、人と人の営みは今後も必要です。人は、対面で会おうがオンラインで会おうが、人と人とのつながりの中で生きていくことでしょう。

まわりの話を聞けない子ども、座るべきときに座れない子ども、まわりを見ることができない子ども、社会の基本的なルールを守れない子どもなどがいますが、その子どもたちをいわゆるグレーゾーン、「気になる子」だから仕方がないと片づけてしまってよいのでしょうか？

主体性や多様性の尊重が叫ばれている今だからこそ、社会性・道徳心の育ちも重要視していくことが大切だと感じます。個人の特性やよさは、社会性・道徳心の土台の上に成り立つものです。それがないとただのわがままな人間とラベリングされてしまいます。

この本で伝えたいことは、主体性の大切さとともに、その線引きです。線引きがあってこそ、主体性もひき立ちます。この本が、子どものすこやかな成長を願う保育者の方々へのエールとなれば幸いです。

第３章

主体性を尊重する保育のために

知っておきたい子どもの理解と対応の基本

1

乳児の言葉にできない想いを読み取り、形にする

子どもは生まれながらにして主体的な存在です。どんなに幼い子どもでも、自分の意思があります。

しかし、乳児は自分の意思を言葉にすることができません。言葉にできない＝自分の意思・希望が表現できないということでしょうか？　そうではありません。

乳児と関わる中で、目線が意思を表すことに気づくでしょう。目線の先には何

があります。玩具があるなら、それは「その玩具に興味がある」「その玩具に触れたい」ということだと読み取れます。保育者は子どもの近くにその玩具を持っていきます。

手を伸ばす場面もあります。玩具だけでなく、周りの保育者やクラスの友だちに手を伸ばす場合もあるでしょう。保育者に手を伸ばしているのであれば、保育者は応答的な対応をする必要があります。友だちに手を伸ばしているときには、保育者が間に入って子ども同士の関わりを仲介することも必要です。

散歩に出たとき、子どもは、ベビーカーに乗っていたり、おんぶをされていたりしても、外界への興味を強くもち、触ってみたいものや興味のあるものをじっと見たり手を伸ばしたりします。保育者はそれに気づき、「触ってみる?」「このお花きれいだね」と声をかけながら、関わることが大切です。

このように乳児の目線と手を伸ばす姿から、言葉にできない想いを見逃さず、応答的に対応することが、乳児との信頼関係を築くうえでも、非常に重要です。

2

「やりたい」気持ちに、前向きな対応を

子どもの意欲を高めるために、保育者は子どもの「やりたい」気持ちを十分に尊重することが大切です。線引きに留意する必要はありますが、子どもが「やりたい」という意思を示したら、前向きに対応しましょう。子どもは自分のやりたい気持ちに応えてもらったことで、次の意欲が出てきます。

たとえば、園庭での自由遊びの時間、その子が遊ぶには少しむずかしい遊具を

さして「〇〇で遊びたい」と言ったとき、保育者が「これはまだできないよね」と決めつけるのはどうでしょうか。

保育者は、子どもの遊びたい気持ちを認め、安全を確保したうえで、体験させるべきです。

また、コーナー遊びで子どもがお料理ごっこをしているときに、「切った食べものを入れるものがない」と言ったとき、保育者はどうするのがよいでしょうか。

保育者は、「この切ったものを入れるものがない」↓「入れものがあればいいのにな」↓「入れものが欲しい」、という子どもの想いをくみ取る必要があります。

声に出た言葉だけを受け取るのではなく、子どもの真意に気づこうとすること、子どもとの会話を大切にすることが、保育者のあり方として大切だと考えます。

3

「やりたくない」を、意欲の乏しさととらえないで

自分でやろうとしない子ども、意欲がないように見える子どもがいます。その子どもは、乳児期の意思表示に、まわりの大人が対応していなかった可能性があります。自分が「やりたい」と思ったことが実現しなかった経験が、子どもから意欲を奪ってしまったのかもしれません。その場合、幼児期からでも、子どもの小さな意欲を見つけて引き出す作業が必要となります。

子どもの意欲の表れは、「やりたい」という言葉だけとは限りません。自分から何かをやりたいということがまったくない子どもが、描画活動では画用紙いっぱいに絵を描くかもしれません。これも意欲の表れです。

環境によって、子どもの意欲がないように見える、意欲を失わせている場合もあります。

たとえば、描画活動で描きたくない子がいた場合、もしかしたら、画用紙が大きすぎるのかもしれません。今回のテーマが、その子にとってイメージしにくいものだという可能性もあります。または、描く経験が少なく、どう描きだしたらよいかがわからない場合もあるでしょう。

保育者は、子どもの「やりたくない」を単純に意欲の乏しさととらえず、その理由を探り、多角的に子どもへアプローチする必要があります。

4

子どもの想いを実現しようとする姿勢は、子どもの主体性を導く

子どもの主体性に基づいた発言や行動は、ときとして保育者の想像を超える場合があります。

例えば、表現遊びの中で、クラスで1つのものを作ろうというときに、子どもたちから、1つではなく、2、3個作りたいという声があがるかもしれません。

その想いに応えようとすると、材料やスペース、時間など、たくさんの問題があ

がってくるでしょう。しかし、子どもたちの主体性を尊重するためには、できる限り実現できるように対応することが大切になります。

ほかにも、行くことがむずかしい遠くの公園にクラスのみんなで行きたいと言うことも、給食に出たことのないメニューを食べたいと言うこともあるでしょう。保育者は、「そんなこと無理だ」と思っても、何もせずに「できない」と決めつけず、さまざまな可能性をもって検討してほしいと思います。そしてその経緯を子どもたちとも共有するのです。

結果としてできなかったとしても、保育者の思いは伝わります。

先述した線引き以外の言動は大いに認め、子どもの「やりたい」を保育の中で実現していこうとすることが、子どもの主体性を導き、想像力の成長と意欲を最大限に発揮させることとなります。

5

発言や行動の奥にある心の声をくみ取る

子どもの主体性に基づいた発言は、集団の中で発言する場合もあれば、誰も聞いていないような場面でぼそっと口に出す場合もあります。みんなの前で発言することが得意ではない子どももいますし、一人で遊んでいるときに自分の気持ちをつぶやく子どももいます。保育者はその言葉を拾い上げる必要があります。

また、発言はなくても、行動で示された想いや意欲をくみ取ることも必要です。

たとえば、乳児が給食中に、お茶や牛乳で遊び出したとき、食べるのが嫌になっての行動の可能性もありますが、水遊びのような感触遊びがしたいという想いの表れの場合もあります。

幼児が砂場で遊んでいて、木の枝を拾ってきて穴を掘っているとき、その子なりの工夫が見られますが、本当は「スコップがほしいな」と思っているかもしれません。

保育者は、子どもの言動を注視し、その奥にある心の声に意識を向けてください。そして、心の声に応じた環境を用意することが大切です。

6

園での意欲的な姿を、家庭にも伝えて共有を

園は、子どもが思い切り遊ぶことができる場所です。遊具や玩具、絵本や教材などが豊富に用意され、壁や床などは活動で汚れることも想定されています。一方、家庭では、環境によって、主体性を発揮することがむずかしい場合もあります。

また、子どもは社会性を身につけていく過程で、家庭と園とでの姿が異なる場合があります。家では静かに過ごすことが多い子どもでも、園には友だちもいて、

意欲的に遊ぶ姿が見られるでしょう。

園で、子どもが主体性を発揮する姿、意欲的に遊ぶ姿が見られたときは、それを家庭にも伝えて共有します。

例えば、園にお気に入りの絵本やおもちゃがあり、それで意欲的に遊んでいるときは、その絵本やおもちゃを保護者に紹介するのもよいでしょう。粘土遊びや描画遊びに没頭していて、家でもやりたいと思っている子どもの保護者には、その遊びをすすめることができるでしょう。

自分のやりたいことが園と家庭と両方でできることは、満足感や達成感、意欲にもつながっていきます。

園と家庭が一緒に子どもの意欲を伸ばしていくことで、子どもの主体性が育っていきます。

7

さまざまな場面で「選ぶ」機会を

主体性のキーワードの一つが「選ぶ」です。どんなに小さなことでも人は、「選ぶ」ときに主体性が発揮されます。というのは、「選ぶ」ときに自分の中に問いかけているからです。

「どれがいいかな？」「こっちが楽しそうだな」「こっちがきれいだな」「こっちが好きだな」と、「選ぶ」のは自分です。そのときに自分が表れます。「選ぶ」ことが自己の確立につながるのです。遊びや活動、食事などさまざまな場面で、子どもが選べるようにしましょう。

園でどのような「選ぶ」場面の設定ができるか、一例を記述します。

- 遊ぶ環境を選ぶ（コーナー遊び）
- 遊ぶものを選ぶ（玩具の充実）
- 読みたい絵本を選ぶ
- 作りたい製作物を選ぶ（色、大きさ、デザイン）
- 給食を選ぶ（量、好きな食べもの　※バランス良く食べるように保育者が配慮）
- 自由に発言する（発言できる場の提供）
- 好きな場所を選ぶ（座る場所、遊ぶ場所、並ぶ場所）

ふだんの生活で選ぶ場面が多ければ多いほど、子どもが自分と向き合う場面が増え、自己の確立につながるでしょう。

8

子どものすべてを受け入れてみて

保育では、年間の計画があり、月の計画があり、週の計画があり、日々のねらいと計画があります。先述したように、子どもの発言や行動は、保育者の想像を超えてくることが往々にしてあり、せっかく立てた計画を覆すようなことを、子どもが要望する場合もあるでしょう。

そのようなとき、保育者は、線引きにかからない範囲で、子どものすべてを受け入れてみましょう。子どもの立場で、自分がその子だったらどのようにしてほしいかを考えてみるのです。

その日の保育内容をほかの日に移せるのであれば、臨機応変に対応します。あるときは、自分が考えた保育を捨てる決断が必要かもしれません。

子どもの主体性を尊重した保育は、保育者の力量が発揮される場面であり、経験と発想力も求められます。

できることからでよいのです。少しずつでも、子どもの主体性を取り入れようとしてみてください。その経験を積むことで、少しずつ子どもからの大きな要望にも応えられるようになるでしょう。そして、新しい保育の発見にもつながるはずです。

主体性を尊重した実践例①

プールに入りながらごはんを食べたい

年長クラスの８月，私とＡ児との会話。

黒米「今日は暑いね」

Ａ児「暑いね」

黒米「暑いと給食を食べる気持ちがなくなるよね」

Ａ児「プールに入りながら，ごはん食べればいいんじゃない？」

私は，Ａ児の発言にはっとしました。子どもの発想力と斬新さ，おもしろさにです。

そこで私は，できるかどうかを考えました。まず，プールにごはんを置くにはどのようにしたらいいのかと。最初にテーブルを浮かせることを思いつきましたが，テーブルは浮きません。さらに考えて，巨大なビート版を浮かべて，テーブル代わりにすることにしました。

もちろん，プールで食べたくない子どももいます。そこで希望をとり，数名の子とプールに入りながら，ごはんを食べることにしました。

最初にＡ児の発言があったとき，おもしろいと思ったのと同時に，むずかしいなと感じました。しかし，子どもの主体性と，アイデアを大切にしたいと思いました。

子どもたちは，プールで涼しくごはんを食べました。

これは，大人から出る発想ではありません。子どもの主体性が，最大限に活きた経験になったと感じました。

第4章

保育者同士の「線引き」を可視化した園内研修のすすめ

園内研修で互いの「線引き」を知り、子どもへの対応を統一

子どもの主体性をどこまで受け入れるかという線引きは、保育者によって違います。保育現場において、保育者同士の線引きの違いがあると、さまざまな不都合が起こります。

「〇〇先生はやっていいと言ったのに、〇〇先生はダメと言う」など子どもが混乱したり、「もっと子どもにやらせてあげたいのに、ほかの保育者が勝手にやめさせてしまう」と保育がうまく進まなかったりなどです。

このような事態を少しでも少なくするためには、保育者同士、互いの線引きを知ることが大切です。園内研修などで、互いの線引きを知り、話し合ってみましょう。

〈園内研修の進め方〉

1　自分の線引きを確認する

次の質問項目に沿って答え、まずは自分自身の線引きをグラフ化して確認します。

社会性

※64ページ参照。

子どもの主体的な行動（子どもの気持ち）と保育の中でのルールとで、どちらを優先しますか

断然子どもの気持ち　1
どちらかといえば子どもの気持ち　2
どちらも同じくらい　3
どちらかといえばルール優先　4
断然ルール優先　5

（例）
・道路の真ん中を歩きたがる
・公共のバスの中で、大きな声でおしゃべりしたり、動き回ったりしている

道徳心

※64ページ参照。

子どもの主体的な行動（子どもの気持ち）と道徳心（善悪）とで、どちらを優先しますか

1 断然子どもの気持ち
2 どちらかといえば子どもの気持ち
3 どちらも同じくらい
4 どちらかといえば道徳心優先
5 断然道徳心優先

（例）
・友だちが遊んでいる玩具を取る
・友だちの悪口を言う

安全

子どもの主体的な行動（子どもの気持ち）と安全とで、どちらを優先しますか

断然子どもの気持ち　1
どちらかといえば子どもの気持ち　2
どちらも同じくらい　3
どちらかといえば子どもの安全優先　4
断然安全優先　5

（例）
・棚に登ろうとしている
・落ちたら危険な場所からジャンプをしようとしている

子どもの利益・不利益

子どもの主体的な行動（子どもの気持ち）が、子ども自身やほかの子どもの中期的・長期的な利益を損なう場合、どちらを優先しますか

断然子どもの気持ち　1
どちらかといえば子どもの気持ち　2
どちらも同じくらい　3
どちらかといえば利益優先　4
断然利益優先　5

（例）
・ごはんを食べたくない
・午睡をしたくない

保育内容

子どもの主体的な行動（子どもの気持ち）が、保育者が考えた保育内容・ねらいとずれている場合、どちらを優先しますか

断然子どもの気持ち　1
どちらかといえば子どもの気持ち　2
どちらも同じくらい　3
どちらかといえば保育内容優先　4
断然保育内容優先　5

㊎
・折り紙をしようとしたが、折り紙をやぶりはじめた
・小麦粉粘土で遊んでいるとき、粘土を投げはじめた

2　線引きをグラフ化して確認

それぞれの項目の数値をグラフに記入し、可視化してみます。数値の大きい項目が、自分が保育において重視している部分です。

下の図のA保育者は、子どもの気持ちより保育内容を重視する一方、社会性についてはそれほど重視していないことがわかります。

〈A保育者〉

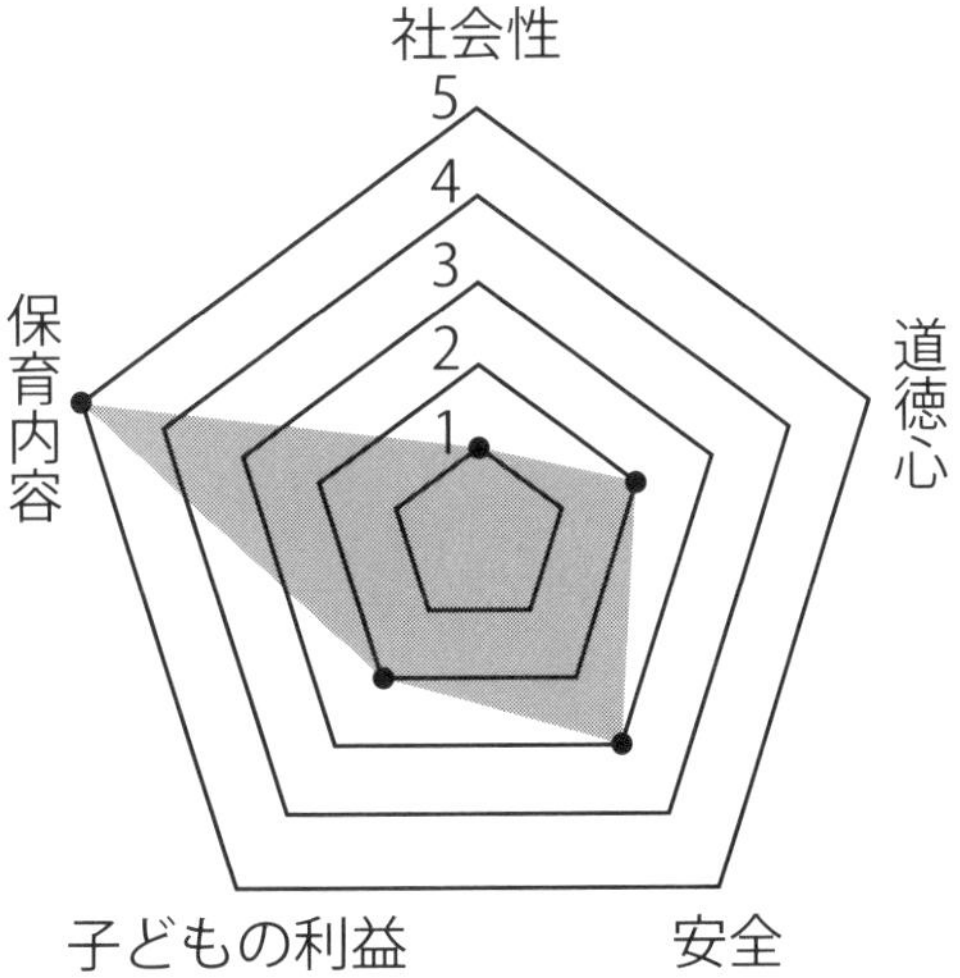

3　互いのグラフを見比べて、グラフをもとに話し合う

保育者同士、互いのグラフを見比べてみましょう。

A保育者とB保育者は同じクラスの担任ですが、グラフを見比べると、大きく違いがあることがわかります。

グラフを見比べながら、互いの線引きについて話し合います。互いの線引きを尊重しながらも、どうするのが子どもの主体性を育むために大切かを考え、子どもへの対応を統一します。

〈B 保育者〉

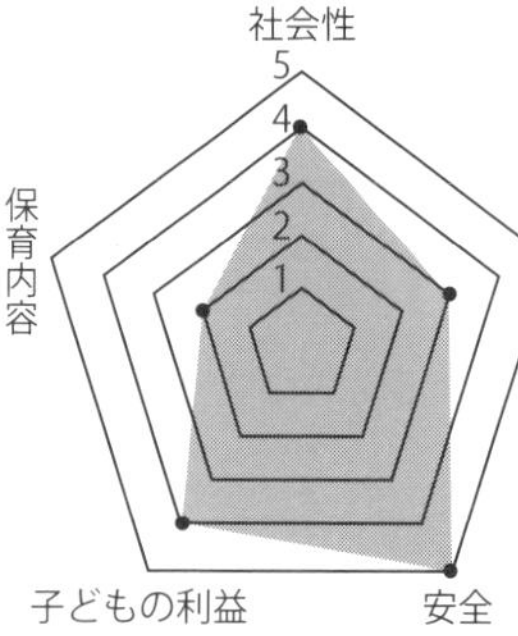

〈A 保育者〉

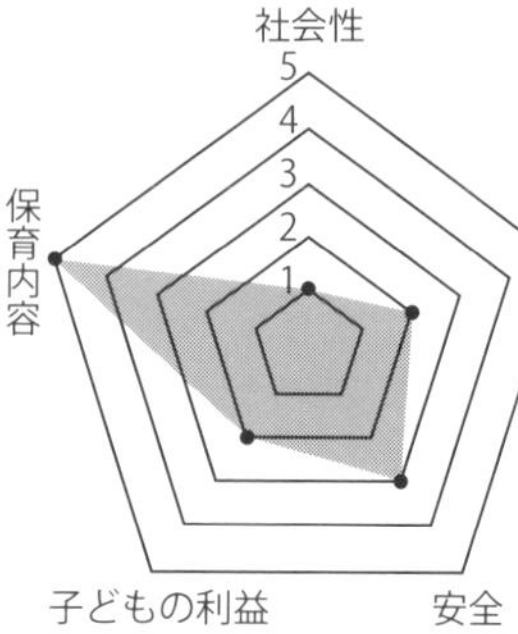

〈保育者 A・B 内での比較〉

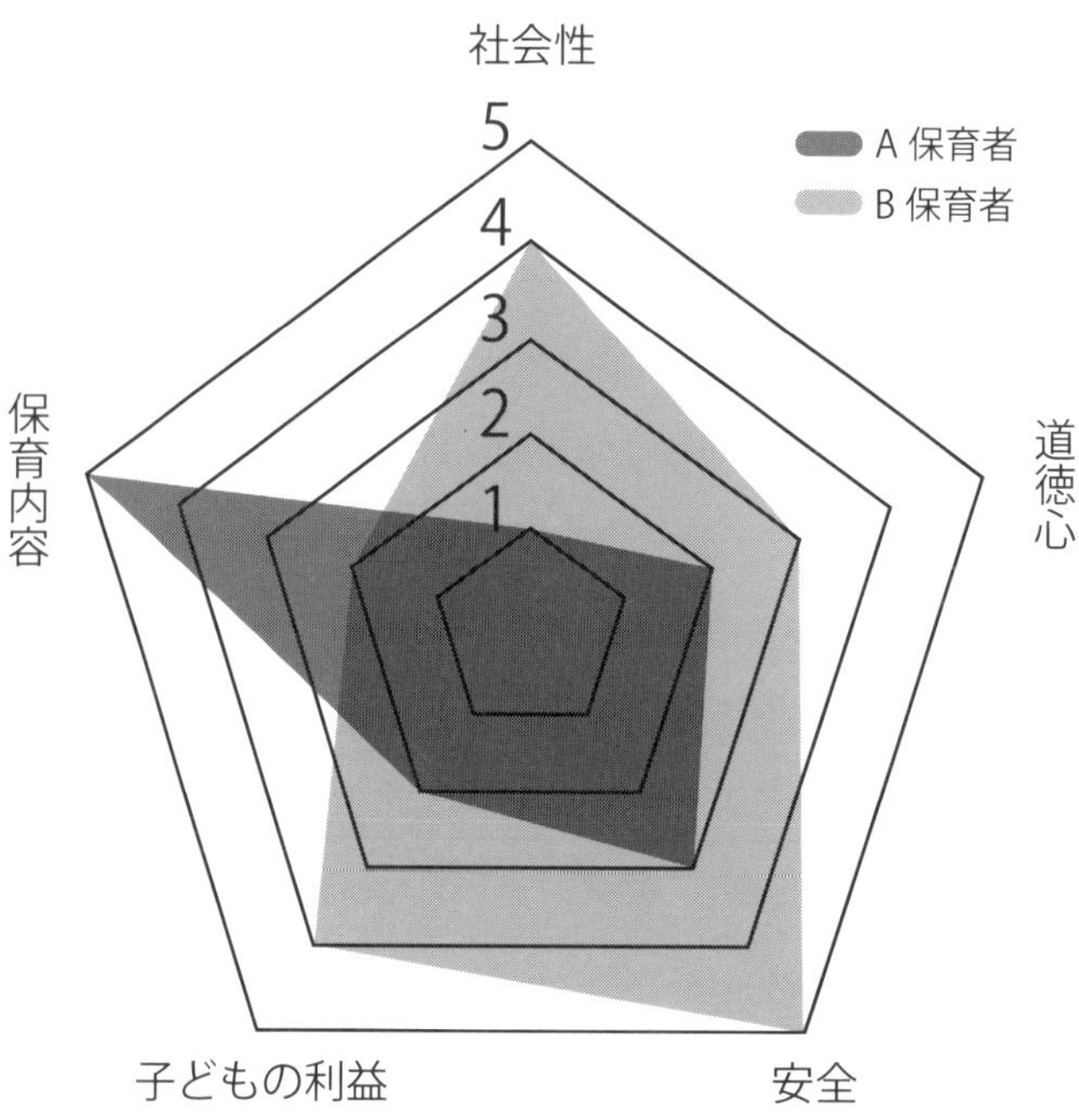

主体性を尊重した実践例②

もっと鉄棒をやりたい

クラスで活動の一環として，鉄棒に取り組んでいました。前回り，逆上がりなど，基本的な鉄棒遊びの内容でしたが，その中で「もっとやりたい」と，自由遊びの時間にも鉄棒に取り組んでいたＢ児がいました。

Ｂ児は，自分で技を考えて，クラスのみんなに披露してくれました。逆上がりの補助板を使って鉄棒を背中にし，そのまま回転します。もし保育者が，「補助板の使い方が違うよ」などと，アドバイスをしていたら，誕生しなかった技です。

子どもの主体性を尊重した遊びのたまものだと感じます。Ｂ児は周りから認められることで，さらに主体性が育まれていきます。

〈コピーツール〉研修などの際，コピーしてお使いください。

保育者の「線引き」を可視化するグラフ

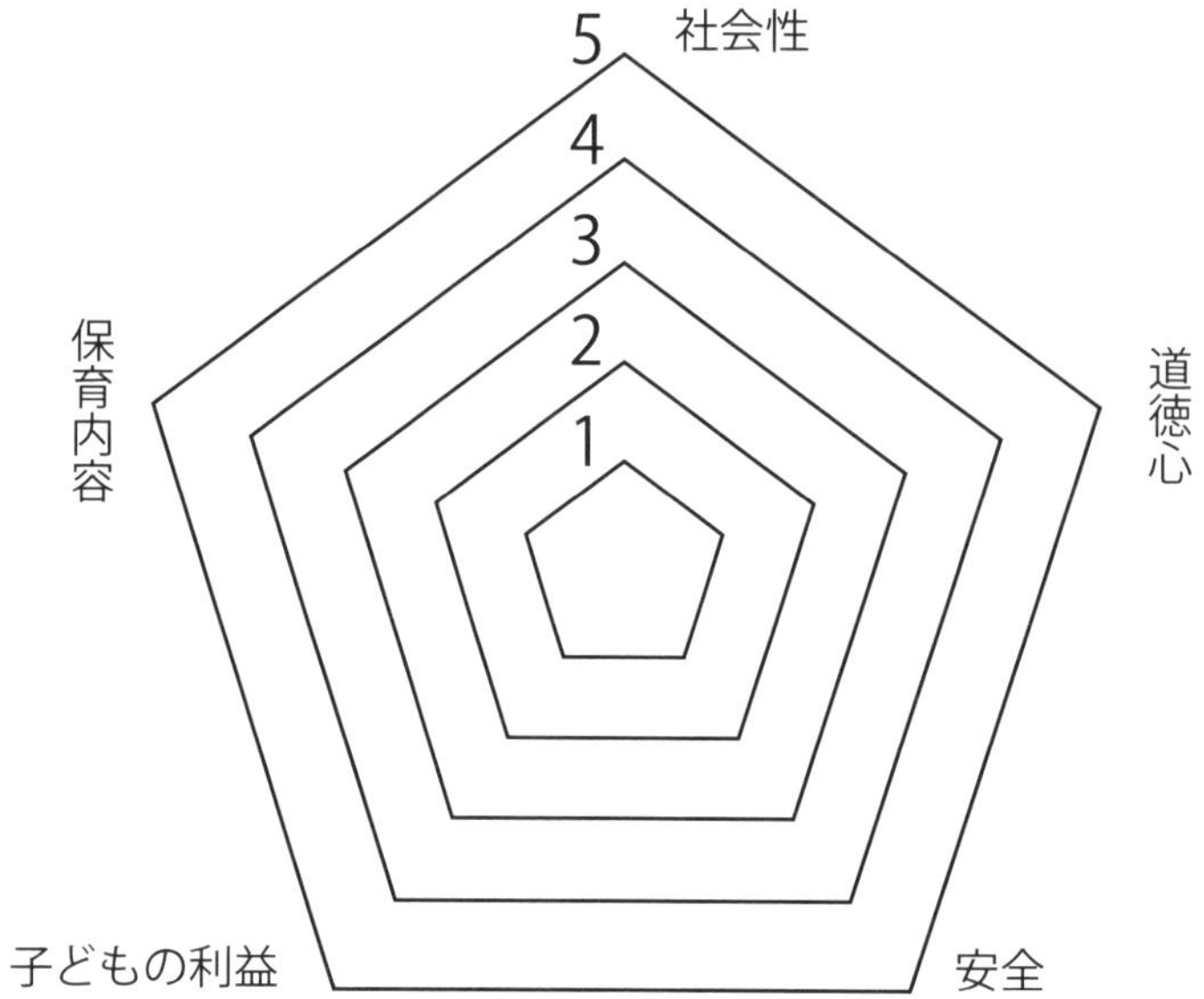

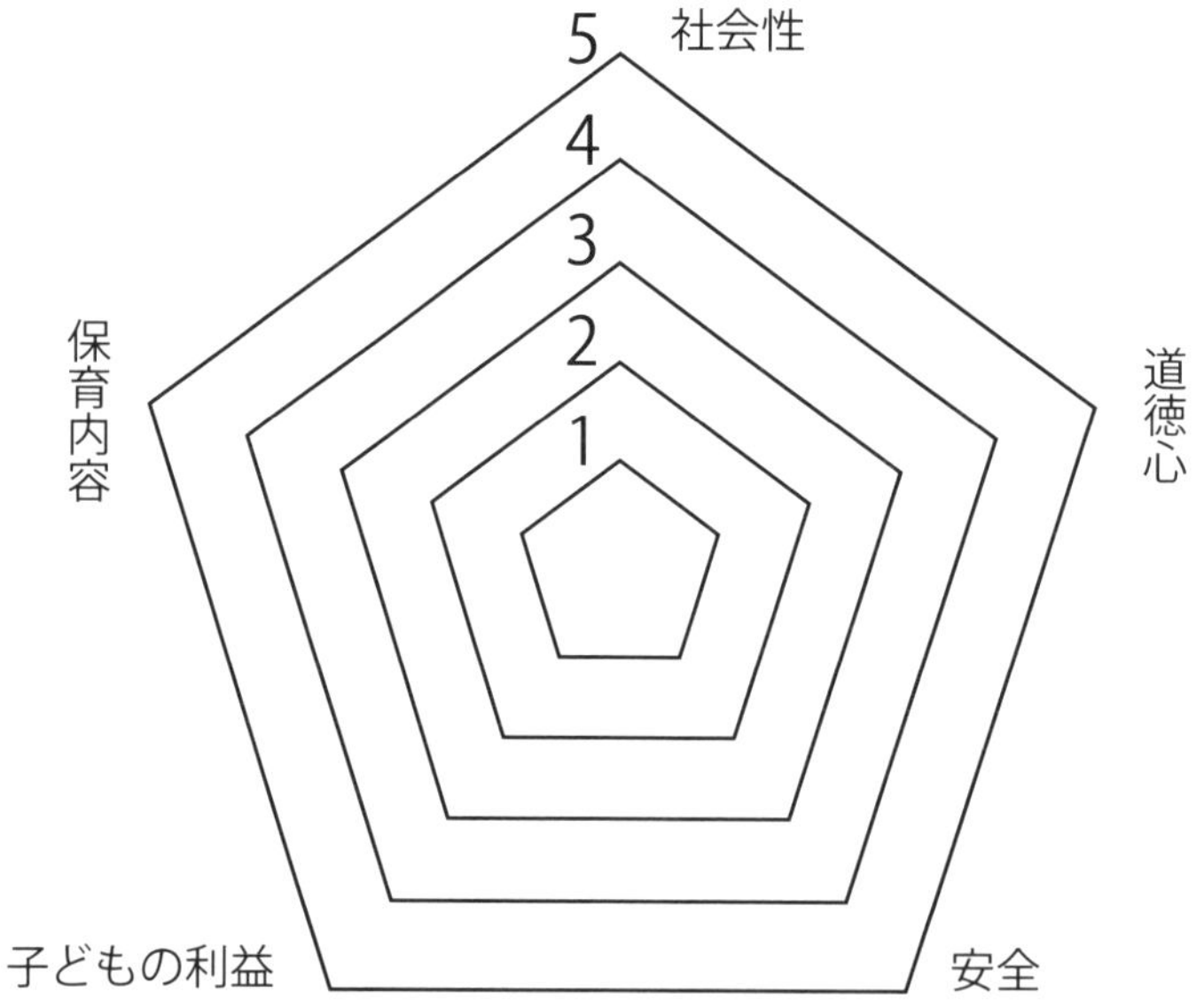

〈インフォメーション〉

以下のQRコード，または，URLのフォームへの入力で，線引きのグラフがメールで受け取れます。また，本書へのご意見・ご感想，保育や子育てに関するご相談，研修の依頼など，著者への連絡も可能です。
※返信については，お時間がかかる場合もあります。

https://forms.gle/TyCxhhnbC5osCwyDA

インスタグラムやX（旧ツイッター）でも情報を発信しています。

instagram

@KUROGOME3

X（旧ツイッター）

著　者　黒米聖
合同会社あなく代表・保育士
保育士として認可保育園勤務を経て，保育者養成校講師，東京都板橋区の認可保育園園長，埼玉県戸田市の認可保育園園長を歴任。東京都保育士キャリアアップ研修，神奈川県横浜市職員研修（保育の質・不適切保育），東京都小金井市保育士研修（不適切保育の研修）などで100回以上の講義を行う。現在は，合同会社あなく代表のほか，一般社団法人日本保育教育研究会代表理事，大宮こども専門学校業務委託講師，わくわく学童保育施設長，高崎ごみ拾いと子ども食堂責任者，NPO法人シンフォニア理事，社会福祉法人あけぼの会理事も務める。保育用品の開発や販売も行っている。

イ　ラ　ス　ト　みやれいこ
装丁・デザイン　ベラビスタスタジオ
編　　　　　集　こんぺいとぷらねっと

子《こ》どもの主体性《しゅたいせい》を育《はぐく》む保育《ほいく》の考《かんが》え方《かた》・進《すす》め方《かた》

2024年7月20日　初版発行

著　者　黒《くろ》米《こめ》　聖《ひじり》
発行者　武馬　久仁裕
印　刷　株式会社　太洋社
製　本　株式会社　太洋社

発行所　株式会社　黎《れい》明《めい》書《しょ》房《ぼう》

〒460-0002　名古屋市中区丸の内3-6-27　EBSビル
☎052-962-3045　FAX 052-951-9065　振替・00880-1-59001
〒101-0047　東京連絡所・千代田区内神田1-12-12　美土代ビル6階
☎03-3268-3470

落丁本・乱丁本はお取替します。　ISBN978-4-654-06108-2